LE
BON SENS
NATIONAL.

Ce n'est point ici la pensée d'un seul homme, ni une opinion isolée ; c'est l'écho des sentimens, des vœux, des discours de presque tous les hommes d'action, de cœur, d'énergie, qui ont combattu et vaincu, et des hommes de sens, de réflexion, d'expérience, qui veulent que la victoire du peuple profite à la France et au monde.

PRIX : 75 CENTIMES.

SE VEND AU PROFIT

DES MARTYRS DE LA LIBERTÉ
ET DE LEURS FAMILLES.

PARIS.

Chez SÉDILLOT, LIBRAIRE,

RUE DE L'ODÉON, N°. 30,

ET CHEZ LES PRINCIPAUX LIBRAIRES.

6 AOUT 1830.

LE
BON SENS NATIONAL.

Etat de la question du moment, au 6 août 1830. — Ce qu'on a fait, ce qu'il faut faire. — Point de république; organiser avec maturité une monarchie constitutionnelle et nationale, *fondue en bronze, et non moulée en plâtre.* — Ni exagération, ni imprudences, ni précipitation, ni divisions; vrai moyen de maintenir l'Union entre les citoyens, l'accord et l'harmonie entre le peuple, qui seul a tout fait au jour du danger, et ceux qui ont maintenant la direction des affaires. — Ni troubles intérieurs, ni guerre étrangère. *Liberté, Ordre, Tranquillité,* pour ouvrir une voie large aux perfectionnemens et aux progrès en tout genre. — La nation française, digne d'elle-même (et ses mandataires ne doivent point rester au-dessous d'elle), doit servir de modèle aux autres nations, les instruire sans les effrayer. — Nos députés doivent proclamer immédiatement une Déclaration ou Bill des droits, pour servir de base à la grande Charte nationale, qui serait incessamment rédigée, mais par des mandataires spéciaux, appellés pour cette seule mission; puis, ils doivent procéder à l'examen du budget et pourvoir aux besoins de l'Etat.

LE
BON SENS NATIONAL.

ÉTAT DE LA QUESTION DU MOMENT.
(6 AOUT 1830.)

Tous les journaux ont donné les détails et les résultats de la semaine héroïque, si justement appelée la *Semaine du peuple*. Nous avons vécu plus d'un siècle, dans ces huit derniers jours où la France a repris son rang de Grande Nation. La seule apparition de la contre-révolution, jetant son masque hypocrite pour se produire au grand jour menaçante et audacieuse, a suffi pour soulever, comme par une commotion électrique et unanime, toute la population parisienne, et presque simultanément toute la population de la France. La conduite admirable du peuple de Paris, tout entier debout, libre et abandonné à lui-même, sans chef, sans direction, a inspiré l'étonnement et le respect à ceux même qui le méconnaissaient, au point de ne concevoir l'idée d'une révolution populaire qu'avec un cortége hideux et inévitable de pillages et de massacres. Aucun excès, aucun acte de cruauté ou de vengeance n'ont souillé cette grande et mémorable époque. Les couleurs nationales ont de nouveau offert un point de ralliement, et le retour du vieux drapeau, signe chéri de la liberté, a fait éprouver les plus douces, les plus vives émotions.

Il faut continuer avec énergie, avec sagesse, avec union, ce qui a été si heureusement commencé. Nous ne devons, ni faire aucun pas rétrograde, ni redescendre au-dessous de la haute position où le peuple s'est placé, ni sortir de certaines limites dans lesquelles nos intérêts, notre sûreté, nos devoirs les plus saints nous font une loi de nous renfermer. Il s'agit, avant tout, de conserver la patrie pure de la guerre civile, d'offrir à l'Europe et au monde cette attitude calme et forte qui empêchera toute pensée de guerre étrangère. Nous avions peut-être moins à craindre, dans les jours de combats que dans ceux qui suivent la victoire.

Une mesure inconsidérée, de la part des autorités provisoires, dans une direction contraire au vœu national, ou une démarche imprudente, une exagération fougueuse de la part des citoyens, qui pourrait effrayer et diviser, sont également dangereuses.

Les deux noms du général LAFAYETTE et du duc d'ORLÉANS rallient aujourd'hui tous les esprits, toutes les affections, toutes les opinions : ils expriment et représentent les deux grandes idées de *Liberté* et d'*Ordre* public, deux élémens nécessaires de toute société durable. La LIBERTÉ a été conquise par un patriotisme héroïque ; L'ORDRE doit et peut seul consolider la liberté, prévenir les dissensions intérieures et une nouvelle effusion du sang français ; étouffer au dehors tout projet de coalition ou d'intervention étrangère dans nos affaires nationales.

Pour maintenir l'Union, qui fait la force, il faut bien apprécier toute la gravité des circonstances ; il faut embrasser toute la question intérieure et extérieure ; il faut prévoir et calculer toutes les conséquences d'une fausse démarche ; il faut signaler le but, tracer la route qui est étroite et difficile entre deux écueils, et la suivre avec fermeté. Nos ennemis à redouter maintenant, ce sont moins les royalistes et les étrangers que nous-mêmes.

Les événemens vont nous entraîner ; sachons conserver du calme, de la raison, du sang-froid, pour les bien observer, les diriger et les maîtriser, ou pour en profiter, quand ils viendront.

Un coup d'œil très-rapide sur quelques époques précédentes paraît nécessaire; car l'expérience doit nous instruire.

En 1814, le Sénat, appelé *conservateur*, usé et pouri, et un Corps législatif de muets, voulurent défendre et conserver leur position : ils ne songèrent qu'à leurs propres intérêts, et compromirent la cause de la France par leur précipitation déplorable, par leur égoïsme et leur servilité. S'ils avaient su, au lieu d'accepter imprudemment une Charte improvisée et octroyée qui manquait d'une base solide, fonder le trône sur une Constitution nationale, exiger l'alliance du jeune drapeau tricolore avec les antiques fleurs de lis, dicter enfin des conditions au lieu d'en recevoir (et ils le pouvaient alors), ils auraient maintenu la dignité nationale et fortifié le monarque et la monarchie : ils auraient garanti Louis XVIII lui-même des fautes et des malheurs où, bientôt après, la famille royale fut précipitée avec la France. Plusieurs sénateurs et législateurs avaient repoussé les prévisions et les avis de quelques hommes francs, énergiques, et qui jugeaient bien l'avenir : On a payé chèrement le mépris de leurs conseils.

A la seconde invasion, en 1815, la Chambre des Représentans, dissoute et brisée par les baïonnettes étrangères, ne put réclamer, ni exiger aucune garantie. Elle laissa du moins une déclaration solennelle de principes, un testament politique, proclamé et publié sous le feu des batteries de toutes les puissances de l'Europe, maîtresses de notre Capitale; elle fit entendre le dernier soupir de la liberté expirante, qui devait avoir un écho dans l'avenir (1).

Les mêmes fautes, qui avaient causé la première chute des Bourbons, en 1815, recommencèrent à leur retour; et un système continuel d'hypocrisie et de mensonge fit présager que leur chute définitive, un peu plus tôt ou un peu plus tard, serait inévitable.

Sans reproduire ici toutes les fautes de la cour, trop souvent excitées et encouragées par la maladresse ou la mollesse de nos chambres législatives, on doit au moins rappeler que, si la Chambre des députés qui se prononça contre le système déplorable du ministère Villèle, avait mis alors les ministres en accusation, elle aurait forcé le roi, dont la faiblesse devait être vaincue par l'énergie des Chambres, à satisfaire au vœu public

(1) C'est l'auteur de cet écrit, qu'il croit être l'expression du Bon Sens National, qui fut, en 1815, le premier promoteur et le véritable auteur de cette *Déclaration de la Chambre des Représentans*, que Madame de Staël, dans ses *Considérations sur la Révolution française*, appelle l'un des actes les plus mémorables et les plus éminemment nationaux de toute la révolution.

et à rentrer dans l'exécution franche et entière de la Charte ; elle aurait pu le sauver lui-même, ou du moins retarder la catastrophe.

Aujourd'hui, l'explosion long-temps concentrée du mécontentement général, de l'irritation et de la colère du peuple a été produite par les derniers excès de l'audace imprudente et insensée d'un ministère qui a brisé le pacte social et voulu établir l'absolutisme par les baïonnettes ; qui a spéculé sur le sang des citoyens versé par les soldats ; et qui a pu croire que, la querelle une fois engagée, cette définition atroce de *l'honneur militaire, l'obéissance aveugle* (1) prévaudrait sur le sentiment naturel d'horreur que devait inspirer à des guerriers français le commandement de souiller leur épée par la guerre civile.

Le *lundi* 26 *juillet*, les ordonnances contre-révolutionnaires ont paru ; la surprise, l'affliction, la stupeur, l'indignation les ont accueillies.

Le *mardi*, les premiers coups de fusil ont été tirés par des gardes royaux et des Suisses. Les lanciers, les cuirassiers, les gendarmes ont traité les citoyens en ennemis, et une véritable invasion de Cosaques a épouvanté les habitans de notre capitale paisible, et qui se croyait protégée par les lois. La résistance armée du peuple a commencé. Le même jour, une protestation énergique contre

(1) Mot de Marmont.

la violation de la loi fondamentale a été faite et publiée par les jeunes et courageux organes de la presse périodique (1).

Le *mercredi* a été le premier jour des barricades et de la guerre civile. On se battait dans presque tous les quartiers de Paris. L'insurrection générale improvisée avait un caractère admirable d'ordre et de modération, au milieu du désordre et des combats sanglans qui se multipliaient sur tous les points. Plusieurs traits de courage et d'héroïsme, de la part des jeunes gens, et même d'enfans de quinze à seize ans, ont rappelé les prodiges de valeur de nos vieux soldats. Les élèves de l'École Polytechnique ont pris le commandement de troupes formées à la hâte, composées d'hommes mal vêtus, à peine armés, les ont dirigés sur des casernes, sur des établissemens publics, sur des corps-de-garde, sur le Louvre, les Tuileries, et ont enlevé tous les postes qu'ils attaquaient. Ces braves jeunes gens inspiraient le respect, la confiance, obtenaient l'obéissance, établissaient la discipline dans l'insurrection, main-

______

(1) On doit citer M. J. J. BAUDE, rédacteur du *Temps*, qui a montré un noble et ferme caractère, beaucoup d'énergie, de sang-froid, d'activité dans les jours du péril. Entouré de gendarmes et interrogé par le commissaire de police, il avait l'attitude calme d'un magistrat ; l'agent de police, timide, embarrassé, contraint, avait l'air d'un accusé.

tenaient l'ordre et la modération dans la victoire.

Les 28 et 29 juillet 1830 ont égalé, ont surpassé les triomphes des deux grandes journées du 14 juillet et du 10 août.

Alors, les Députés présens à Paris ont voulu intervenir, mais faiblement, et pour obtenir la révocation des ordonnances, le renvoi des ministres, la cessation des massacres. Les Pairs, cachés dans leurs hôtels (1) restaient absolument étrangers à tout ce qui se passait, et attendaient l'issue des événemens. On leur demandait en vain de protester, d'agir, de se montrer les défenseurs de cette Charte en vertu de laquelle ils existaient, et d'acquérir ainsi quelque nationalité. Ils répondaient : « Nous sommes trop peu nombreux; tout ce que nous ferions serait illégal, nous attendons le 3 août; nous savons ce que nous avons à faire. — Qu'importe votre nombre? Paris debout et en armes, la France entière sont là pour vous soutenir; la Charte n'est plus, il ne s'agit plus de régime légal; on est en révolution; les jours sont des années; le 3 août, vous arriverez trop tard : ce n'est point ici votre affaire personnelle; chaque citoyen et tous ensemble y sont intéressés. Nous avons droit de

(1) Il faut excepter le jeune LANJUINAIS, digne du beau nom qu'il porte, qui a payé de sa personne et a combattu vaillamment avec la population parisienne pour la cause de la liberté.

vous exciter à l'action. » Les hommes généreux prévoyans, énergiques, qui tenaient ce langage, étaient regardés comme des factieux. Ils donnaient le seul conseil qui pût rendre les Pairs dignes de l'estime publique. Trois d'entre eux seulement n'ont eu d'autre pensée, le troisième ou quatrième jour, que d'aller implorer la clémence du roi pour faire révoquer les ordonnances et changer le ministère. Il n'était plus temps. Cela pouvait être bon, le lundi soir, ou le mardi matin. Mais, alors, on croyait que la gendarmerie, la garde et les Suisses viendraient à bout d'un peuple mutiné. On oubliait ce mot prophétique du vertueux duc de La Rochefoucauld Liancourt, au faible et malheureux Louis XVI : « Détrompez-vous, sire, ce n'est pas une révolte ; c'est une révolution. »

Le *jeudi*, pendant que les combats partiels continuaient dans Paris, les députés réunis chez M. Lafitte ont enfin nommé M. Lafayette, commandant en chef de la Garde nationale, aussitôt qu'ils ont su qu'un général inconnu venait de haranguer le peuple sur la place de la Bourse et d'annoncer qu'il allait à l'Hôtel-de-Ville pour diriger les mouvemens. Le général Lafayette est parti sur-le-champ de la rue d'Artois, avec cinq honorables citoyens, dévoués à sa personne et à la cause nationale, et avec une quarantaine d'hommes réunis dans la rue, munis de mauvais fusils, de pistolets

et d'autres armes, pour se rendre à l'Hôtel-de-
Ville, où il s'est installé. Une heure après, la Com-
mission municipale, nommée par les députés, est
venue l'y joindre. Les gardes royaux occupaient
encore les boulevards, la place dite de Louis XV
et quelques rues voisines du Palais-Royal, et auraient pu attaquer à l'improviste et détruire, pendant le long trajet qu'elle avait à faire, cette avant-
garde patriotique.

Mais elle se grossissait de rues en rues et tra-
versait la Capitale au milieu des acclamations
d'une population nombreuse, ivre d'enthousiasme,
qui criait : *Vive Lafayette ! vive la Garde nationale ! vive la France ! vive la Charte ! vive la
Liberté !* Les fenêtres étaient garnies de specta-
teurs, de dames, et ornées de drapeaux tricolores,
signes glorieux de la liberté reconquise.

Le *vendredi*, un centre de direction était donné
au mouvement populaire : des administrateurs et
des chefs provisoires secondaient l'élan et organi-
saient la multitude qui avait pris généreusement
l'initiative ; mais déjà, le *vendredi* et le *samedi*,
pendant qu'une partie des Députés les plus énergiques remplissaient des fonctions actives et bra-
vaient la proscription et la mort en se mettant à
la tête du peuple, leurs collègues, réunis dans la
salle ordinaire de leurs séances, paraissaient plus
effrayés de l'insurrection et plus jaloux de l'arrêter,

qu'habiles à en comprendre la portée, et à profiter des immenses progrès qu'elle avait faits. Des hommes d'état auraient pris la direction d'une main forte pour fonder enfin la liberté et la monarchie constitutionnelle sur des bases larges et durables, au lieu de se borner à un mauvais replâtrage de la Charte, qui laissera beaucoup à faire, et qui amènera de nouveaux troubles. Ces Députés, mous et timides, trop au-dessous de leur situation et de leurs devoirs, manquant à leur tour de direction et de chef de file, mais dépourvus de la prévision instinctive, du bon sens et de l'énergie admirables du peuple, avaient déjà plus peur de ce même peuple victorieux, qui leur sauvait l'honneur et la vie, que de la cour abattue qui, la veille, les aurait fait fusiller ou pendre, si elle avait triomphé.

Ils oubliaient que la même faute avait perdu, en 1815, Napoléon, qui craignit plus encore la France libre que l'Europe armée contre lui, et qui, par son acte additionnel, refroidit et comprima l'élan national, et prépara sa chute. Ces Députés auraient dû mieux connaître et mieux juger une population non moins sage qu'héroïque, et se confier noblement à ce respect admirable des personnes et des propriétés, qui avait caractérisé l'interrègne des lois. On devait ne point s'arrêter, ni reculer, avant d'avoir consommé l'ouvrage commencé, et donné une juste et entière satisfaction à la France.

Si les Députés présens à Paris avaient su remplir toute leur mission, dans la grande semaine du peuple, leur marche était simple et facile, et l'influence morale et nationale de la Chambre serait bien établie, et lui permettrait de tout diriger aujourd'hui. Leur devoir était tout tracé, s'ils avaient voulu s'associer avec franchise au mouvement et le suivre sans hésiter. Ils auraient dû :

Le mardi, protester contre les ordonnances;

Le mercredi, déjà forts de la manifestation de l'opinion et de la colère publique, déclarer traîtres à la patrie, et mettre hors la loi les généraux et les chefs qui auraient fait tirer sur le peuple;

Le *jeudi*, quand la cour faisait baigner les Suisses et les gardes royaux dans le sang des citoyens, prononcer à la fois l'adoption des couleurs nationales déjà portées dans tout Paris, et la déchéance du roi, cruel par peur, qui avait par le fait abdiqué son trône dès la veille, en commençant la guere civile;

Le *vendredi*, poser une déclaration de principes, un bill des droits, destiné à servir de base à une constitution nationale, que l'on aurait pris le temps de rédiger avec maturité;

Le *samedi*, nommer le duc d'Orléans lieutenant

général du royaume, en lui faisant accepter et jurer la déclaration de principes.

De cette manière, dit le Bon-Sens National, la Chambre des Députés n'aurait pas été au-dessous du peuple; et l'on aurait prévenu, d'un côté, l'apparence d'indécision et de faiblesse des mandataires de la nation qui a prolongé la résistance de la cour et l'effusion du sang; de l'autre, l'irritation et la fermentation d'une partie du peuple qui ont, depuis la victoire, fait germer des semences très-fâcheuses de divisions.

Maintenant, il faut résumer la situation et ce qu'elle paraît exiger. Car les passions et les imprudences ou les ambitions avides et impatientes pourraient amener de grands maux.

1°. Le général LAFAYETTE et le duc d'ORLÉANS, tous deux dignes de la cause populaire, suffisent pour rallier toutes les affections et toutes les opinions : ils représentent les deux grandes idées de liberté et d'ordre, élémens nécessaires de la société qui vient d'être ébranlée dans ses racines.

L'UNION entre les hommes qui viennent de vaincre pour un but commun, est le seul moyen de conserver les biens qui nous sont acquis, le premier, le plus pressant des besoins.

2°. Pour maintenir l'union, sans laquelle tout notre avenir peut être compromis et troublé, il faut expliquer, sans déguisement ni arrière-pensée, les prétentions ou les projets des hommes qui ont des opinions différentes, et que leur intérêt commun doit rapprocher.

3°. L'utopie républicaine a pu séduire des imaginations ardentes, des cœurs généreux, des admirateurs de Washington. Mais le nom seul de *république* porterait l'effroi dans beaucoup d'esprits pusillanimes, ou prévenus, ou même très-éclairés, tant en France qu'en Europe. Ainsi, POINT DE RÉPUBLIQUE. La monarchie représentative, si elle est bien combinée, fondue en bronze et non moulée en plâtre, peut nous donner toute la portion de liberté que désirent les patriotes les plus exigeans. Nous devenons le modèle des peuples, sans être la terreur des rois. Pas une baïonnette étrangère ne sera au service de la dynastie tombée du trône, si notre organisation monarchique, sage et forte, rassure les rois et leur prouve que nous savons concilier la monarchie avec la liberté.

4°. Mais la nomination immédiate d'un roi, avant que la constitution qu'il doit jurer puisse être présentée à la nation et confirmée par elle, n'aurait pas de moins graves inconvéniens. Le trône doit s'asseoir et s'appuyer sur la loi. Si vous élevez le trône, avant que la loi fondamentale soit bien établie, vous recommencez l'immense faute qui précipita la France, en 1814, dans les piéges de la Charte royale, improvisée et octroyée.

Gardez-vous, Députés de la France, si vous ne voulez pas être désavoués par elle, de jouer avec légèreté et précipitation les droits et les destinées du peuple. Une grande responsabilité pèse sur vous; le blâme de l'Europe et de la postérité vous punirait, comme il a flétri les sénateurs et les législateurs de 1814.

5°. Il vaut mieux rester dans le régime provisoire des Chambres actuelles et du Lieutenant-Général du Royaume, qui offre des garanties suffisantes pour l'ordre et pour la liberté, que d'adopter prématurément, et sans attendre le vœu de la France entière et la sanction de formes légales et solennelles, des décisions incomplètes, hasardées, vicieuses, qui pourraient tôt ou tard être cassées par la nation, justement blessée de ce que ses mandataires, nommés pour de tout autres circonstances et pour une autre mission, n'auraient pas même daigné la consulter.

6°. Les hommes qui songent uniquement à leur position et à leurs intérêts personnels; ces hommes du lendemain, qui n'ont rien fait, toujours prêts à faire oublier et négliger les hommes de la veille, qui se sont lancés dans le danger, et qui font abstraction d'eux-mêmes pour s'occuper de la patrie; ces adroits exploitateurs de toutes les révolutions voudraient envelopper le prince d'une cour qui deviendrait une barrière entre lui et l'opinion. Ils se ruent déjà dans les anti chambres et dans les salons pour former cette cour et pour écarter la vérité. Pourrait-on sitôt oublier que les courtisans ont perdu Louis XVI, Napoléon lui-même, et hier encore Charles X? le bon sens exquis du Prince, Lieutenant-Général du Royaume, son caractère d'honnête homme et d'excellent citoyen, si fidèlement peint dans le portrait qu'en a tracé notre infortuné Courrier, sauront le garantir de cette irruption de courtisans, d'intrigans et de vils flatteurs, qui sont la peste et le fléau des monarchies :

Présent le plus funeste
Que puisse faire aux Rois la colère céleste.

7°. Si l'on se presse trop de nommer un roi, avant de faire prendre racine au trône dans la loi et dans la nation, le trône, beaucoup moins solide, serait plus facilement ébranlé. Ce qu'on fait trop vite n'est point durable.

8°. Un homme de bon sens et prévoyant, véridique et énergique, avait tenu le même langage à des chefs de gouvernement, dans la révolution; à Napoléon qu'enivraient son orgueil, son génie et ses succès; à Louis XVIII et à Charles X lui-même, dans des circonstances graves et décisives. Cet homme fut réputé factieux, frondeur, mécontent; il fut disgracié, persécuté, proscrit, traité en véritable Paria. L'avenir a justifié ses prévisions; et les fautes qu'il avait signalées à temps ont eu leur châtiment. Puisse aujourd'hui sa voix n'être pas encore étouffée! Puisse un Prince digne de la vérité, appelé à l'un des plus beaux rôles historiques, à marcher glorieusement à la tête d'un grand peuple et du monde civilisé, ne point repousser des avis désintéressés, inspirés par le seul amour de la patrie!

9°. Aujourd'hui, toute précipitation serait funeste. Il faut compter aussi pour quelque chose les vœux de nos départemens, de trente-deux millions de Français.

10°. Il sera temps d'examiner, d'ici à peu de jours, quels sont les moyens simples et faciles et les actes politiques qui peuvent satisfaire l'opinion; que le Bon-Sens National réclame, qui seront propres à calmer l'irritation et l'exagération, sans donner aucun sujet de crainte, ni aux amis trop exclusifs de l'ordre en France, ni aux gouvernemens étrangers.

Il faut, pour le moment, donner un point de ralliement et une garantie à l'opinion, par une *Déclaration* ou *Bill des droits*, qui sera consenti et juré par le prince lieutenant-général, comme la base première de la grande Charte nationale, dont la rédaction définitive ne saurait être l'ouvrage, ni d'un seul jour, ni d'une Chambre qui n'a point

un mandat spécial pour une tâche aussi impor
tantes.

11°. C'est la cause de l'ordre et des lois, de la
paix européenne, de la liberté du monde entier et
de la civilisation qui a triomphé, dans ces derniers
jours à Paris. Gardons-nous de la compromettre.
Ce triomphe, loin d'effrayer les monarques, si
notre conduite est sage et modérée, peut garantir
leurs États de commotions populaires et de révolutions sanglantes, pourvu qu'ils sachent comprendre cette grande leçon.

La situation actuelle veut que le prince qui a dit
si noblement, qu'*attaché de cœur et de convic-
tion aux principes d'un gouvernement libre, il en
accepte d'avance toutes les conséquences*, ne se
laisse point entraîner par des hommes *plus occu-
pés d'eux que de lui et de la France*, et attende
de la Nation calme et réfléchie une couronne qui
sera d'autant plus affermie sur sa tête, qu'elle sera
une couronne civique, autant et plus qu'une couronne royale.

FIN.

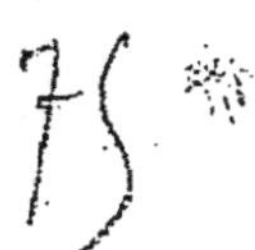

PARIS. — IMPRIMERIE ET FONDERIE DE FAIN, RUE RACINE, N°. 4.

www.ingramcontent.com/pod-product-compliance
Lightning Source LLC
Chambersburg PA
CBHW061717050726
47598CB00004B/1888